# ゆる終活のための親にかけたい55の言葉

奥山晶子



オークラ出版

# はじめに

この本は、親が生きていて元気なうちに、子どもの側から終活を働きかけるための本です。

生前から葬儀やお墓、仏壇、生前整理、相続の準備をする終活は、進めておけばおくほど、亡くなってからの混乱を回避できます。死後の話をするのは、ひと昔前なら「縁起でもない」と避けられていました。しかし現在では、終活という言葉が広く認知されてきたこともあり、大切なことと捉えられるようになってきました。

ただ、実際に終活を行っている人はそれほど多くありません。

近年、さまざまな調査機関が終活に関する意識調査を行っていますが、「終活」を知っている人、また必要性を感じている人はシニアの8割にものぼるものの、実際に終活を行っている人はその半数にも満たないという報告が、多く上がっています。

親が終活をしなければ、後で困るのは子世代です。

子どもの側が率先して親の終活を進めていけば、いざというときスムーズに動くことができるのではないか。これが、本著を書いた理由のひとつです。


この本を書いた理由は、もうひとつあります。何気ない親との会話が、のちに子どもの支えとなるからです。

私は二〇〇〇年代初頭に葬儀社で働いていました。

葬儀の受注があったら、故人を病院までお迎えに行き、喪主と打ち合わせをし、火葬や葬儀を終えるまで遺族に付き添うのが葬儀担当者の仕事です。

当時は「すべて同じような葬儀にするのではなく、故人らしさを前面に出そう」と言われ始めた頃でした。

超高齢化が進み、葬儀への参列が頻繁になってくる現代において、同じ印象の祭壇や棺、黄菊メインの生花ばかりではお客が遠ざかってしまう。故人の好きだった花や色味を生花に反映する、受付前に思い出の品を並べたコーナーを設けるなど、一件ずつ違う葬儀にすることで他社との差別化を図ろうと、各葬儀社が工夫を凝らし始めていた時代です。

私たち葬儀担当者には、「喪主や遺族にヒアリングして、より故人らしい葬儀をつくり上げること」がミッションとして課されました。

そこで、喪主にこう尋ねることが私の日課になりました。

「お母さまのお好きだった花はなんですか?」

「お父さまは、何色が好きでしたか?」

「おばあさまがお好きだったお菓子は?」

「おじいさまには、ご趣味がありましたか?」

親の生前、とくに関係性が悪くなかった子どもたちであっても、答えに詰まることはよくありました。なかには「親のことを知っているつもりでいたけど、好きな花も知らなかったなんてな」と、自分を責めるようにする喪主も。

つらそうな顔を見るたびに、「故人らしい葬儀なんて、葬儀社の押しつけではないか」「悲しみのなかにある遺族に、新しい後悔を植えつけているだけでは」と悩みました。

一方で、ストレートに尋ねるのではなく、故人の思い出を話してもらうなかで、なんらかのヒントを見つけるなど、ヒアリングに工夫すれば「そういえば……」と思い出してもらえることもありました。

「桜が好きなのよね」「あの店に、もう一度行きたいな」といった、親との些細な会話を思い出せたおかげで、季節外れの桜の枝を取り寄せることができた。思い出の店のお菓子をお供えできた。

祭壇や棺は標準的なものでも、故人に寄り添う少しの工夫が、かけがえのない葬儀を生み出しました。

さらに葬儀後、喪主のもとへ集金に伺ったり、四十九日をめどに訪問したりすると、葬儀で印象に残ったこととして「故人らしさ」の演出を挙げる人がほとんどでした。

故人が好きだったお菓子をお供えしたり、好んで着ていた衣服を棺に入れてあげたりといった工夫自体には、お金はかかりません。でも、そうしたささやかなことこそが大事なのだと知りました。

喪主自らが故人との会話や共有した経験を振り返る。そのなかから「親のためにしてあげたいこと」を考える。それを葬儀の場で実現する。この一連の体験が一生を通じて喪主のなかに残ると知ったことが、この本の源泉になりました。

この「はじめに」を書いている今、新型コロナウィルス感染症の拡大に伴い、都市部を中心に緊急事態宣言が出されています。

多くの人は罹患《りかん》しても無自覚か軽症で終わってしまいますが、高齢者や既往症を持っている人がかかると命を落とす可能性があります。志村けんさん、岡江久美子さんといった、はつらつとした印象の有名人が亡くなったことで、危機感は一気に高まりました。

コロナ流行を機に終活を始めたという人の話も、たくさん耳にするようになりました。

子世代のなかには、親の終活の大事さを理解しながらも「親自身に何から伝えればよいのだろう、何をしてもらえばよいのだろう」と悩む人も多いでしょう。

親も、同じように思っているかもしれません。

この本で紹介しているちょっとしたひと言や、少しだけ踏み込んだ会話が、本格的な終活のもとになれば幸いです。

そして、親との何気ない会話そのものが、のちにあなたの心を支える記憶として、ずっと生き続けることを願っています。

# 目次

装丁　園木彩

# 第1章

# 葬儀の心構えをしておくために

# 待ったなしの「その日」に備えて

ある日突然、親が亡くなってしまう。
ありえない話ではありません。
それでも親の元気な姿が見えているうちは、
「亡くなったらどうしよう」などとは考えないのがふつうです。

でも、実際に亡くなってしまったら。
待ったなしで、お葬式へのカウントダウンが始まります。
病院で亡くなると、故人は霊安室へ移されます。
霊安室に移ってから、次の移送先へ安置されるまで、
どのくらい時間の余裕があるかおわかりでしょうか。
1時間から、長くても3時間程度です。

親が亡くなったら、葬儀まで安置するのはどこでしょう？
自宅でしょうか、それとも葬儀社の安置所でしょうか？
自宅に連れて帰らないとしたら、どの葬儀社に依頼しますか？
親が亡くなって悲しいなか、すぐに決断しなければなりません。
安置場所が決まったら、次は親族への連絡です。
どんな方法で、どの範囲まで知らせますか？
お葬式の規模は？　祭壇や棺のランクは？
悲しいと思う間もなく、矢継ぎ早に放たれる質問に
答えていかなければなりません。

この章では、いざというときに
より親らしく送ってあげるための「素材集め」や
親らしい、家族らしい葬儀の形を探るための言葉を紹介しています。
「そういえば、親はこんなことを言っていたな」
悲しみや焦りのさなかでも、温かく思い出せますように。

ことば

1

# 年賀状って、どこに置いてある？

葬儀時に知らせるべき人一覧をゲット。喪中はがきの送り先一覧にもなる。

連絡簿をゲットするほうが早いと思うかもしれないが、年賀状の文面は親しさを測るバロメーター。

「この人は葬儀に呼ぶべきでは」

「この人には、喪中はがき程度でいいかも……」

といった判断に使えることもある。

ことば
2

# うちのじいちゃんって、何人兄弟だっけ？

家系図の話に持っていき、親戚一覧をゲット。

「法事の席で挨拶だけはするけれど、あの人誰？」と思っていた親戚の正体もわかるはず。

長男や家を継いでいる人など、「核」となる人の連絡先だけでも押さえておけば、いざというとき役立つ。

親が倒れたり亡くなったりしたとき、「核」に連絡を取り「ほかの親戚筋に知らせてほしい」といったお願いができる。

ことば

# 3

## そういえば、うちって何宗？

「そんなことも知らないの〜」と親に笑われながらも、菩提寺の名前をゲット。

葬儀が発生したら、喪主が菩提寺に連絡をとらなければならない。

けっこう年のいった喪主であっても、仏事はすべて親任せで、菩提寺の名前どころか、宗派すらわからないという人は多い。早めに確認しておくに越したことはない。

## ことば
## 4

**母の日のお花、今年は
カーネーションじゃなくて、
お母さんの好きな花に
しようと思ってるんだけど、
何が好きだっけ？**

葬儀の打ち合わせで、
「お母さまがお好きだった花を飾って
差し上げては」
と葬儀担当者に提案されたときに、
即答できるように。

ことば
5

# 父の日にシャツでもと思ってるんだけど、何色がいい？

葬儀の打ち合わせで、祭壇上の花の色を決めるために。
「お父さまがお好きだった色は？」などと葬儀担当者に聞かれたとき、即答できるように。
ただし、まだバリバリ働いている父親の場合、スーツに合わせやすい白など無難な色を言われてしまう場合も。ポロシャツに限定すると、より好きな色を答えてもらえる可能性が高まる。

ことば
6

# 最近、写真撮った？

遺影を選ぶとき、デジカメの中の膨大な写真データから1枚を選ぶのに苦労する家族が多い。あらかじめ、いつどんなシーンでどんな写真を撮ったか把握しておくとよい。

「メモリがいっぱいになりそう」などと伝え、いらない写真を親と一緒に削除できるとなおよし。

ことば

7

# たまには家族写真でも撮りに行こうか

フォトスタジオに記念写真を撮りに行けば、プロの手による遺影候補写真が手に入る。とくに孫と一緒に撮影すると、自然な笑顔が出やすい。

集合写真を遺影に使うときは、故人の胸元から上に孫の頭などが写りこんでしまうと、修正や合成着せ替えが必要になるので注意して。七五三や小学校の入学シーズンなど、記念日を上手に活用しよう。もちろん、古希や喜寿といった親自身の記念日に合わせるのもいい。

「そんなに早く遺影写真を用意しておいても、葬儀のときには若すぎる写真に違和感を持たれるのでは？」と感じる人もいるかもしれない。でも、長寿で亡くなる人ほど、遺影写真は10年以上前のものがよいとされている。理由は、元気だったころの面影が残っている写真の方が、みんなの記憶にある顔と一致するから。

遺影はずっと残るものだから、はつらつとした表情のものを選んであげたい。

ことば
8

# お母さんの一張羅ってどんな？

白装束でなく、故人が好きだった服を最後に着せることがある。お気に入りの服を知っておくといい。
着せることが難しい服であっても、棺に納める際に布団の上へかけることもできるし、美しい着物であれば、棺の上にかけてもいい。

ことば

9

# この戒名、どう読むの？

仏壇に向かって拝んだときなどに、位牌に記されている先祖の戒名を指して。親が仏式葬儀を望んでいるかを探るきっかけになる。

日本ではいまだに仏式の葬儀が大半を占めるが、無宗教葬に憧れている人は多い。親の場合はどうなのか押さえておきたい。

ただ、菩提寺があると無宗教葬にするのはとっても難しい（詳しくは、章末の解説参照）。

ことば
10

# 家族葬の葬式に行ったことある？

近年、葬儀の規模を縮小させる家が増えている。会社関係者や友人などを呼ばず、親族中心で行う家族葬を選ぶ割合は、3割から4割程度。

規模の小さい葬儀について話題を振れば、親がどんな葬儀を望んでいるか探るきっかけになる。

# 葬儀の流れを確認しておこう

いざ親が亡くなったら、どういった流れで葬儀が進むのかを理解しておけば、落ち着いて対応できます。

ここでは、臨終から葬儀・火葬までのごく一般的なスケジュールをご紹介します。地域によって、また火葬場の混雑具合によって日程は前後するため、葬儀社としっかり打ち合わせしましょう。

ひと昔前までは、亡くなってから3日程度で葬儀・火葬まですませるのが一般的でした。しかし現在では、亡くなってから1週間後の葬儀も珍しくなくなっています。

超高齢化により亡くなる人が増え、火葬場が混み合っていること、遺体を自宅ではなく葬儀社の安置室などに保存するケースが増え、急いで火葬をしなくても遺体が過度に痛む心配がないことなどがその理由です。おかげで、遺族が故人と向き合う時間がとれるようになってきています。

| 亡くなってからの日数 | 行うこと | 内容 |
|---|---|---|
| 1日目 | 末期の水 | 臨終後、近親者により行う儀式。脱脂綿などを水で湿らせ、割りばしで挟んで故人の口元を濡らす |
| | 安置 | 病院などから自宅や葬儀社の安置所へ故人を移動させる |
| | 枕経 | 安置場所で僧侶が読経する |
| | 打ち合わせ | 葬儀社、菩提寺、喪主の３者で日程を決定。その後、葬儀社と葬儀内容を打ち合わせる |
| | 知らせ | 葬儀に参列してほしい人たちへ日程の連絡を入れる |
| 2日目～ | 打ち合わせ | 葬儀の詳細を葬儀社と詰める |
| | 納棺 | 布団から棺へ故人を移動させる儀式。故人は着替えや化粧など最後の身支度をする。通常は通夜の直前に行うが、火葬場の事情などにより日程が長引く場合は、前もって行うこともある |
| | 通夜 | 葬儀前日の夜に行う儀式。僧侶が読経し、参列者は焼香を行う |
| | 通夜ぶるまい | 通夜の後に参列者らが集い行う飲食 |
| 3日目～ | 葬儀 | 僧侶が読経し、参列者は焼香を行う |
| | 出棺 | 出棺前のお別れは、棺のふたを開け、故人に触れられる最後のとき。思い出の品を棺に入れる |
| | 火葬 | 火葬場へ移動し、荼毘に付す。火葬が終われば近親者による骨揚げ（遺骨を長い箸により骨壺へ移すこと）が行われる |
| | 精進落とし | 近親者が参加する会食。火葬中、待ち時間の間に行われることもある |

# 葬儀時の準備品リスト

葬儀のときに準備するものは葬儀社から案内がありますが、あらかじめ最低限のものを準備しておくと慌てずにすみます。

生前から用意できる、いざというときの準備品をリストにしました。

まとめてクローゼットなどにしまっておくと便利ですが、注意したいのが衣服の取り扱いです。最後の衣装や家族の喪服は、ときどき風を通してカビや虫食いを防ぎます。天気の良い日、クローゼット整理のついでに衣服を出して、日の光のもとでカビや虫食い、色あせなどがないかチェックしましょう。問題なければ、直射日光があたらず風通しの良いところに一日吊るしておきます。

なお、葬儀の生前見積には期限があります。サービス内容や金額は、更新される可能性があるためです。期限が過ぎたら、再度新しい見積もりをもらっておきましょう。期限は、葬儀社によって違います。

| 準備品 | 内容 |
| --- | --- |
| **遺影写真** | データをディスクなどに焼き付け、<br>すぐ担当者に渡せるようにしておく |
| **棺に<br>入れるもの** | 親に持っていってもらいたい思い出の品。<br>燃えるものに限る |
| **最後の衣装** | 棺に入るとき、着せてあげたい服 |
| **連絡先リスト** | これがあればいざというときもかなりスムーズに進行する。<br>生前に葬儀の規模を把握する材料にもなる |
| **自分と家族の<br>喪服一式** | 喪服、靴、靴下、ストッキング、バッグ、ハンカチなど、<br>すべて黒でそろえる。子どもは制服がベスト |
| **生前見積** | 気になる葬儀社があれば生前に見積もりを頼んでおこう。<br>葬儀にかかる金額の目安がわかる。<br>なるべく複数社から取り寄せられると比較材料になる |
| **お布施** | 葬儀そのもののほかに、宗教者への謝礼がかかる。<br>菩提寺と面識があれば、心づもりをするためにも事前に<br>問い合わせ、金額の目安を教えてもらっておくとよい |

## 親が「無宗教葬を行いたい」と言ったら？

親が「無宗教葬にしたい」と言ったときは要注意です。親が入る予定のお墓はどこにあるでしょうか。

もし、どこかのお寺の檀家になっていて、そのお寺が管理している墓地にお墓があるなら、葬儀は原則として菩提寺に依頼することになります。絶対にそうしなければならないというわけではありませんが、一般的にはそうなっていますし、菩提寺もそのつもりでいます。つまり、菩提寺を無視して無宗教葬を行ってしまったら、トラブルになる可能性が高いのです。

菩提寺の墓地には、入れないかもしれません。あるいは、「うちのお寺の墓地に入るのであれば、仏教徒として入ってもらいたいから、戒名をつけさせてください」と言われ、お布施を納めなければならなくなるかもしれません。

もしも、菩提寺があるにもかかわらず親が無宗教葬を望むのであれば、実現させる道は二つです。一つは、檀家を抜けること。もう一つは、先祖代々のお墓とは別に、親が入るお墓を入手することです。ただし後者を選んだとしたら、子世代は先祖代々の墓と親の墓、二つを管理していく必要があります。

どちらにせよ、親子でしっかり話し合いましょう。
無宗教葬のメリットとデメリットをまとめました。参考にしてください。

【無宗教葬のメリット】
・お布施が発生しない
・自由な演出が可能
・式場が限定されない（仏具など儀式で使う道具がなくてもよいため、葬儀式場以外でも葬儀が可能）

【無宗教葬のデメリット】
・親族に反対される可能性がある
・自由な演出が可能な分、無宗教葬に慣れていない葬儀社に依頼すると式全体が間延びした印象になる
・位牌がないため仏壇にお参りするときに物足りなさを感じるおそれがある

## 身近な人を亡くしたとき、メンタルケアのヒント

この本を読んでいる人のなかには、すでに片親を亡くした経験から、「もう片方の親を送るとき、後悔のないように準備しなければ」と考えている人もいるかもしれません。

身近な人を亡くしたときの苦しみは、ほかに例えようのないものです。もしかしたら、今も深い悲しみのなかにいませんか。

誰ひとりとして、まったく同じ経験をすることはできませんし、体験の受け取り方もさまざまです。ですから、死別のつらさを誰かに話し、癒しを求めたとしても、見当違いのことを言われてしまったり、かえって傷つくようなことを言われてしまったりすることもあるでしょう。そのたび、孤独感を深めるはずです。

死別の苦しみを完全に救ってくれる人はいないでしょう。自分自身がどんな悲しさを感じているのか。どんな人に話せば、何をしていれば、気持ちが楽になるのか。とくにつらくなってしまうのはどんなときか。それを知り、なるべくつらくなってしまう状況を避け、楽になれる時間を増やしていくことこそが、今後も生きていくために必要だと思います。

私はメンタルケアの専門家ではありません。しかし専門分野が葬儀とお墓なので、身近な人を亡くしたときに心を支える仕組みについては、一般の人よりも触れる機会が多いと

いえます。

喪失感が強いときのメンタルケアのヒントを、3つのキーワードで整理しました。参考にしてみてください。

## 【グリーフケア】

「グリーフ」とは、深い嘆きを意味します。大事な存在を亡くした、あるいは近々亡くすかもしれないことによる悲嘆をケアすることが、グリーフケアです。

具体的な例としては、ホスピスに勤務する看護師が患者の家族を精神面でサポートすることが挙げられます。

グリーフケアは本来、残された人に寄り添いたいという気持ちさえあれば、誰でも行えるものです。親を亡くした経験を友人に話し、癒されたなら、その友人はグリーフケアを行ったことになります。

ただ、現在では、グリーフケアに関する様々な協会や研究会が立ち上がり、資格化もされています。

グリーフケアの専門家にアクセスできる機会があったら、まずは短時間の安価なカウンセリングなどを利用し、自分との相性を確かめてみてはいかがでしょうか。

**【惨事カウンセラー】**

心を癒すカウンセラーのなかでも、惨事カウンセラーが取り扱う「惨事」とは、事故や事件、災害などで経験する突然でむごたらしい別れを指します。

精神に深い傷を負う惨事を経験した人には、特別なケアが必要という考え方から誕生しました。

とくに悲惨な戦争を経験した国では、PTSDに陥った元兵士のカウンセリングをするために、多数のカウンセラーが惨事ストレスの知識を持っていると言われています。

日本にも、数は少なめながら惨事に特化したカウンセラーは存在します。また、幅広く心の傷を取り扱うカウンセラーのなかにも、惨事の知識を持つ専門家はいることでしょう。自分と大事な人との別れが惨事に該当すると思ったら、調べてみることをおすすめします。

**【ピアサポート】**

「ピア」とは、わかりやすく言えば「仲間」のことです。

専門家を介さず、同じような経験をした人同士でサポートし合う取り組みを、ピアサポートと言います。

自助グループとも呼ばれます。たとえば、赤ちゃんを亡くした親同士がつらい気持ちを吐露し合うことで精神的に支え合う会があります。

同じ境遇の人同士で交流して、つらい時間や気持ちを共有することは、癒しにつながるようです。また、自分が今まさに直面している悲しみを越えてきた人の話を聞くことで、「今後、自分の気持ちはこうなっていくのだ」と、客観的に受け止められる機会にもなります。

さまざまな境遇のためのピアサポートが存在し、また、グループの性格もさまざまです。つらい気持ちを打ち明け合うところもあれば、原則として周りの人は傾聴するだけでコメントしないというところもあります。

自分に合ったグループを、探してみてはいかがでしょうか。

# 第2章

# 希望のお墓や供養の方法を知るために

# 変わる供養の形に正解を見つけて

あなたの家に、仏壇はありますか。
実家暮らしでなければ、「ない」と答える人が多いことでしょう。
お父さんとお母さんしか住んでいない実家にある仏壇。
両親が亡くなったら、どうしますか？
今あなたが住んでいる家に、仏壇を「引っ越し」させるのは
あまり現実的ではありませんね。
では、新しく仏壇を買いますか？
買わないとしたら、両親の遺影や位牌を、どこにどう飾るでしょうか。

お墓のことも、仏壇のことも、まるで謎！
若いうちは、それで当たり前です。

それでいいのです。家族がそれまで、健康で幸せだったことの証です。
両親が元気なうちに、リサーチを始めましょう。
両親は、どんなお墓を望んでいるのか。
仏壇で位牌を祀るのが、当たり前だと考えているのか。
もしかして、散骨をしたいと思っているのではないか。
両親も意識化していない、思いもかけない希望があるかもしれません。

親の希望を探るのと同時に、菩提寺の情報を引き出すのも大事です。
なぜなら、両親が亡くなった後、お寺とやりとりをするのはあなただから。
両親の希望を受け継ぎながら、先祖供養をしていきます。
あなた自身の希望を、供養に反映するのも大事です。
なぜなら、弔われる側だけでなく、弔う側も主役だからです。

両親もあなたも納得の、理想の供養を見つけるために、
お墓や仏壇についての何気ないやりとりを始めてみませんか。

ことば

11

# おじいちゃんのお墓って、遠いよね

親のお墓について考えるとき、そもそも両親が先祖代々のお墓に入る意向があるかどうかを知る必要がある。

このセリフで両親の反応を見る。もし「自分たちのお墓は近くに買う予定」という話になったなら、どこにどんなお墓を買うのか、今後注意していきたい。

末代まで使える代わりに継承者が管理費を支払い続けなければならない「継承墓」と、次世代は使えないが管理費が不要な「永代供養墓」がある。

親が継承墓を希望したら、子世代がそのお墓を守っていく必要がある。その場合、将来的に子世代は「親の実家の墓」と「親の墓」の管理料を支払い続けなければならないかもしれない。

「父方の実家の墓」「母方の実家の墓」「親の墓」そして「自分の墓」の管理に悩む時代が来る可能性がある。それを避けるのが、お墓の中から遺骨を取り出し、更地にして墓地を管理者へ変換する「墓じまい」だ（詳しくは章末の解説を参照）。

ことば

## 12

## よく考えてみたら、お母さんは全然知らない先祖のお墓を掃除したりしてるわけじゃん。大変だね！

母親が、父親と一緒のお墓に入りたいかどうかを探るきっかけになるフレーズ。

「夫と同じお墓には入りたくない」という女性の声をちらほら聞く。夫が嫌いだからというよりも、暮らしたことのない街のお墓に、知らない先祖と一緒に入るのはイヤという意見が大半。

嫁という立場になったことがない人でも、その気持ちは理解できるだろう。

自分ひとりだけで入るお墓を探している女性もいる。自分の母親も、そのひとりかもしれない。

ことば

# 13

## お墓参りって、年に何回くらいするべきものなのかな

一般的には、お墓参りのタイミングはお盆と春彼岸・秋彼岸、命日など、年に3〜4回程度。

家からお墓が近ければ多くなるし、遠ければ少なくなる。また、亡くなってすぐは頻繁だが、だんだん回数は落ち着いてくるもの。

親自身は自分のお墓に頻繁にお参りしてほしいと思っているのか、そうでもないのかを知るきっかけになるフレーズ。

「お墓は必要ない」と考えている人もいる。親自身がそういう考えかどうかも知れるかもしれない。

ことば
14

# たまには墓掃除でもしようかな

早くから実家を離れてしまった若い世代は、墓掃除をしたことがないという人も多いだろう。親が健康なうちに、墓掃除の仕方を受け継いでおきたい。

お盆やお彼岸、最近亡くなった家族の命日など、お墓参りをする日の数日前に言おう。お墓参りの当日だと、すでに親が墓掃除をすませている場合が多い。

ちなみに墓掃除をする際の必須アイテムは、ホウキやちり取り、除草用の軍手や鎌に加えて、ペットボトル・食器洗い用スポンジ・古歯ブラシ。ペットボトルは墓地に着いたら水道から水を入れ、墓石に少しずつ水をかけて掃除する。行きも帰りもペットボトルを空にすれば、荷物が軽くなるため便利だ。スポンジは墓石の汚れを優しく取り除いてくれるし、古歯ブラシを使うと花立や線香立てなどの細部の汚れがスッキリ。

真夏に墓掃除を行う場合は、帽子や水分補給などの熱中症対策と虫よけスプレーなどの防虫対策を忘れずに。

ことば

# 15

## 仏壇の中って、何が入ってるの？見ていい？

葬儀の後、仏壇の中から遺言書などの重要なものが出てきたという話をよく聞く。

普段はあまり意識することがないが、葬儀が生じると「たまには仏壇の中でも掃除するか……」という気持ちになる人が多いようだ。

もし、仏壇の中から葬儀の希望に関する遺言が見つかったとしても、葬儀をしてしまった後では手遅れ。遺族には、本人の希望を叶えられなかったという切ない気持ちが残る。

そんな事態に陥らないよう、仏壇の中は、早めに把握しておいた方がいい。

ことば

# 16

## お墓って高いらしいね。私は買えないかも

両親がどの墓に入るか決まっていないときは、生前に墓を買っておくつもりがあるかをリサーチする必要がある。新聞に挟まっているお墓のチラシなどを見ながら言うと自然なフレーズになる。

「心配しなくても、私たちのお墓はきちんと買っておくから」などと返されるのが理想。

亡くなってからお墓を買うと、建てるまでに時間がかかるので、一般的には四九日法要をめどに行う納骨が遅れてしまう。

また、お墓は相続税がかからない「祭祀財産」だから、存命中にお墓を買っておくと節税になる。

さらに、生きているうちにお墓を建てることは「寿陵（じゅりょう）」と呼ばれ、健康長寿につながるなど縁起が良いとされている。親が健康なうちに、お墓の問題は解決しておきたい。

ことば

17

# 仏壇って買わなきゃならないものかな

家に仏壇がないなら、一度は言っておきたいフレーズ。

両親が仏壇で弔ってもらいたいと考えているかどうか、知っておく必要がある。

仏壇も墓と同様、祭祀財産なので、生きているうちに購入すれば相続税の対象にならない。

とはいえ、仏壇はいずれ子どもが受け継がなければならないもの。子どもが狭小住宅に住んでいたり、賃貸を利用している場合は、大きな仏壇の購入は現実的ではない。インテリアになじむ家具調仏壇や棚の一角にしつらえるような小さい仏壇なども検討したい。

ことば
# 18

## お寺に、年間いくらか払ってるんだよね

菩提寺があり、墓を引き継ぐ場合、年間管理料（護持費）も受け継ぐ。年間いくらを、いつ、誰に納めるのか知っておいたほうがいい。

年間管理料の相場は五千円から一万円程度だが、お寺によってはもっと高い場合もある。お寺に直接納めたり、総代や世話人の家へ納めに行ったり、ある時期になると世話人が集金しに来たりなど、納め方はさまざまだ。

民間の霊園であれば管理事務所に納めればいいが、寺院墓地の場合は独自の納め方があるから注意しよう。

ことば

19

# この前、散骨の番組見てさ

散骨需要も増えている。

30年前であれば違法と思われていた散骨も、今では8割ほどの人が葬送の方法として認知しているというデータがある。

また、15％の人が「自然散骨を希望している」というデータも（2019年楽天インサイト調べ）。

子どものほうから「散骨」というフレーズを出せば、興味のある親なら具体的な話になるはず（散骨の具体的な手法については、章末の解説を参照）。

ことば
# 20

## 今度、法事っていつあるの？

先祖の法要スケジュールを知っておくと、のちに便利。

先祖の命日をめどに親戚が集まり、僧侶によってお経が読まれる法事は「年忌法要」といい、一周忌（亡くなってから一年目の命日）、三回忌（亡くなってから「二」年目の命日。注意！）、七回忌、十三回忌、十七回忌、二十三回忌と続く。

正直、三回忌以降はタイミングを忘れてしまい、菩提寺からお知らせを受け取ってはじめて気づく家も多い。

最近では十三回忌の後は省略するなど、法事を簡素化する例が目立つ。自分の家はどんな方針かを確認しておこう。親がなくなった後、法事をいつまで行うかを測る目安にもなる。

「あれ、次のおじいちゃんの法事はいつ？」と聞いて、親もわからないようであれば、ネットで「年忌早見表」（没年を入力すれば回忌の時期が表示される表）を検索しよう。

## 「墓じまい」の流れと費用

先祖代々の遺骨を取り出し、今あるお墓を更地にして管理者へ返還するのが「墓じまい」です。

近年、墓じまいが注目されています。「檀家を続けていると子世代に負担がかかるからお墓を整理したい」「遠くのお墓を処分して、お墓参りしやすいところに新しくお墓をもうけたい」など、墓じまいしたい理由はさまざまです。

墓じまいは、単にお墓を処分することと考えれば、自由にできるものと思いがちです。しかし、実際には親族や菩提寺への相談、役所手続きなどやることが多く、またお金もかかるため、流れや費用について事前によく確認しておきましょう。

**【墓じまいの流れ】**

**①親族とお墓の処分や引っ越しについてよく相談する**

親族も先祖のお墓参りをする立場なので、よく相談し理解を得ます。お墓を引っ越すのであれば、引っ越し先についても話をしておきます。

**②菩提寺に相談する**

先祖代々のお墓を一緒に供養してきてくれた菩提寺に相談します。ただ「檀家をやめるから」とだけ報告するのでは、トラブルになる可能性があります。長くお付き合いがある家ほど、これまでの感謝を述べ、また「ここにお墓があると、今後は十分に先祖を供養できない」という気持ちを告げましょう。

**③お墓の引っ越しである「改葬」をする場合は、改葬先を見つける**

お墓を処分した後は先祖の遺骨が残ります。先祖の遺骨を菩提寺だったところの供養塔などへ移動するケースもあれば、いま生きている人のためにお墓を設けて、そこへ引越しするケースもあるでしょう。お墓の引っ越しを「改葬」といいます。改葬先が決まっていると、その後の手続きがスムーズです。新しいお墓を探しましょう。

**④改葬許可申請をする**

新しいお墓が見つかったら、市区町村役場に改葬許可申請をします。改葬許可申請には、改葬先から発行してもらう「受入証明書」と、今あるお墓の管理者から発行してもらう

「埋葬証明書」が必要です。ただ、必要書類は自治体によって違うため、よく確認しましょう。また、改葬せず先祖の遺骨を菩提寺の供養塔に移すときや、散骨、自宅での供養の場合には、改葬手続きの必要がない場合があります。手続きをすませると「改葬許可証」が発行されます。

**⑤今あるお墓の解体と閉眼供養**

お墓を解体する前に、閉眼供養を行います。閉眼供養とは、魂抜きともいわれ、お墓を供養の対象から、ただの石に変える儀式です。閉眼供養の後、先祖の遺骨を取り出し、石材業者によってお墓が解体されます。

**⑥新しいお墓の建立と開眼供養**

新しいお墓を建立した後、遺骨を納骨する前に開眼供養を行います。開眼供養とは、魂入れともいわれ、お墓をただの石から供養の対象に変える儀式です。開眼供養の後、先祖の遺骨を納骨する納骨式が行われます。

| 項目 | 内容 | 相場 |
|---|---|---|
| **お墓の解体費用** | 墓石を撤去し<br>基礎を整地する | 1㎡あたり10万円程度 |
| **閉眼供養のお布施** | 僧侶の読経 | 3万円～30万円※ |
| **手続き関連費用** | 改葬許可証発行手数料、<br>ほか書類郵送料 | 1000円～3000円 |
| **新しいお墓の費用** | タイプによって<br>金額が変動 | 一般的な継承墓：<br>150万～250万円<br>供養塔へ合祀：<br>5万～30万円（一体あたり）<br>散骨：5万円～30万円 |
| **開眼供養のお布施** | 僧侶の読経 | 3万円～5万円 |
| **納骨式のお布施** | 僧侶の読経 | 3万円～5万円 |

※閉眼供養のお布施…単なる法事のためのお布施と考えれば相場は3万円から5万円程度。ここに、今までの菩提寺との付き合いを考え、お世話になったことの謝礼として少し厚く包むのが丁寧とされる

**【墓じまいの費用】**

墓じまいの費用について、流れに沿って一般的なところを表にしてみました。新しいお墓の種類によって金額がずいぶん違うと思った人も多いでしょう。

次のページでは、お墓の種類とその内容、メリットやデメリットについてまとめました。参考にしてください。

新しくお墓を求める場合、先祖代々受け継がれるお墓を希望する人もいれば、「子世代に迷惑がかかるから」と、あえて継承を必要としないお墓を希望する人もいます。また、散骨に憧れを持つ人も。

形式もさまざまなら、かかる費用もさまざまです。

| お墓の種類 | 相場 | 内容 | メリット | デメリット |
|---|---|---|---|---|
| **納骨堂** | 20万円～150万円（年間管理費が発生するケースあり） | 室内に骨壺を置いて供養する。ロッカーの中に骨壺を保管するロッカー型、小さな仏壇の中に骨壺を納める仏壇型などがある | ●お墓掃除の必要がない ●雨の日も傘を差さずにお参りできる ●都心にも多数あるのでアクセスが良く、お墓参りに行きやすい | ●最終的に合祀されるタイプだと、合祀してからは遺骨を取り出せない ●「お墓参りをしている」という実感がわきにくい人もいる |
| **散骨** | 5万円～30万円 | 海や山などに遺骨を撒く。骨壺を業者に送り、あとはお任せの「委託散骨」なら1体5万円ほどから。散骨に立ち合いセレモニーを行う散骨は30万円程度。複数家族と合同で行うと割安 | ●お墓をもうけるより安価 ●お墓がないため子世代に管理の手間がかからない ●自然に還ることができる | ●親族の理解を得られにくい ●すべてを散骨したときは、手を合わせる対象がなくなり戸惑うことも ●マナーの悪い業者を選んでしまうとトラブルの危険性がある |
| **手元供養** | 0円～数万円<br>火葬のときに使った骨壺をそのまま安置するならお金はかからない。手元供養用の骨壺を新たに買う、祈りのコーナーに仏具を購入するなどしたらそれぞれ数万円程度が必要 | 自宅に骨壺を安置する。仏壇のそばに置く、リビングの一角に祈りのコーナーを設ける、本棚の棚の一つを安置場所にするなど、やり方は様々 | ●安価、またはどのくらいお金をかけるかを自分で選べる ●愛する家族の存在を身近に感じながら生活できる ●お墓参りの手間がない | ●周りの理解を得られない可能性がある。「放置」ととられてしまうことも ●家に遺骨が残るため管理者が必要 |

| お墓の種類 | 相場 | 内容 | メリット | デメリット |
|---|---|---|---|---|
| **継承墓** | ●永代使用料＋墓石建立費用で150万円～250万円<br>●年間管理費5000円～2万円 | 一般的によく知られている「先祖代々墓」 | ●子世代にお墓を残すことができる<br>●親族の理解が得られやすい | ●特に都市部は費用が高い<br>●お墓参り、お墓掃除などメンテナンスが必要<br>●年間管理費が発生する |
| **永代供養墓**（個別タイプ） | ●50万円～150万円<br>●個別供養期間のみ年間管理費が発生する場合もある | 承継者を立てる必要がなく、墓地管理者側が供養をしてくれるお墓。最初は個別にお墓で供養をし、契約年数が切れたら供養塔などへ合祀（一つの大きな墓で、ほかの人の遺骨と一緒に供養すること）される | ●子世代が墓参りや墓掃除をする必要がない<br>●継承墓より安い<br>●個別での供養ができる | ●合祀されたら、以後は個別に遺骨を取り出せない<br>●最初から合祀するタイプよりも費用が高い |
| **永代供養墓**（最初から合祀） | ●5万円～30万円（一体あたり） | 個別にお墓を設けず、最初から供養塔などへ納骨される | ●費用が安い<br>●子世代にお墓参りやお墓掃除の負担をかけない | ●遺骨が数体ある場合は費用がかさむ<br>●親族の理解を得るのが難しいケースがある<br>●合祀されたら、以後は個別に遺骨を取り出せない |
| **樹木葬** | ●合葬タイプ10万円～50万円<br>●個別納骨タイプ60万円～150万円（生前のみ年間管理費が発生するケースあり） | 墓石ではなく樹木を墓標（手を合わせる対象）とする墓。土中へじかに遺骨を納骨するものが多く、自然への回帰を実感できる | ●墓石を建立しないぶん、費用が割安<br>●継承者を立てる必要がないケースが多く、子世代の負担がない<br>●基本的に墓地のメンテナンスは管理者側が行うため、お墓掃除の必要がない | ●タイプによって価格が変動する<br>●納骨後は基本的に遺骨を取り出せない<br>●山中にある場合、お墓参りが困難 |

## 散骨したいと親が希望したときに知っておきたいこと

散骨したいと親が希望し、ぜひその希望を叶えてあげたいと感じたら、散骨に関する知識やマナーを知っておきましょう。そのうえで、しっかり散骨サービスを行ってくれる業者に依頼するのが、散骨を成功させるコツです。

なぜなら、散骨は現在、法律に違反しているわけでもなければ守られているわけでもない、いわばグレーゾーンの葬法だからです。一部の業者がマナーを欠いた散骨を行い、条例で散骨が禁止されてしまった自治体もあります。

散骨は憧れる人がいる一方で、「骨を捨てるようで、弔いとは思えない」「自分の家の近くに撒かれるのは気味が悪い」などと感じる人もいます。散骨したいと考えるなら、ほかの人の感情に配慮しなければなりません。

散骨業界でガイドラインとなっている事項は、以下です。

**1　海での散骨は、船舶で陸地からじゅうぶんに離れる**
**2　海水浴場や漁場、河口付近など、人が立ち入る場所では行わない**
**3　遺骨とわからない程度に粉骨を行う**

**4　自然に還らないものは撒かない**
**5　近隣に「散骨が行われている」と悟られないよう、喪服は着ない**
**6　山中で行う場合、遺骨を「埋める」のではなく「撒く」（法律により「遺骨を埋葬するのは許可を受けた墓地のみ」と定められているため）**
**7　地上で行う場合、土地の権利者の許可なしに、勝手に撒かない**

以上のようなガイドラインを守れば、業者を介せず遺族が自力で散骨を行うことも可能です。

ただ、遺骨を粉砕したり、海に出るために船をチャーターしたりするのは、なかなか難しいこと。ガイドラインを満たしている業者を探し、依頼するほうが現実的でしょう。

# 第3章

# 介護や医療で迷わないために

# 親を支える自分の姿を具体的に思い描いて

親はだんだん老いていきます。
遠くない将来、介護が必要になるかもしれません。
入院したら、そのまま帰らぬ人になるかも。
親が自分のことを自分でできなくなったとき、
あなたがかわりにいろんなことをやってあげる日が、きっと来ます。
それがいつかを正確に知ることはできません。
そもそも、介護が必要になるかどうかもわからない。
事故や天災で亡くなるかもしれない。
それなのに介護の準備をするなんて、ちょっと気が引けてしまいますね。

だからこそ、自分ができることから少しずつ、始めておくのは大事です。

まずは身近なところからの情報集め。

両親がどんな介護や終末医療を望んでいるか。

最後まで自分の家で暮らしたいのか、そうでもないのか。

親の健康状態を無理なく見守るには、どんな方法がいいのか。

まずは一般的な情報を集めようと思うと、その膨大さに圧倒されます。

自分の親その人の状態や希望をチェックしたうえでリサーチを始めれば、必要な情報の取捨選択がしやすくなります。


繰り返し、親と近い将来の話をしていけば、数年後の家族のあり方が、だんだん見えてきます。

そのとき、あなたはどんなケアをしているのか。

その姿が具体的に見えてきたなら、まずは安心です。


あなたの質問が、認知症予防などに一役買っていることもお忘れなく。

ひと言だけでも、あるとないとでは違います。

ことば

21

# 駅まで迎えに来て

親に運転免許証を返納してほしいが、説得の方法に悩んでいる人へ。

「もうトシだから」「そろそろ危ないだろうから」と電話口で言っても、あまり説得力がない。まずは親の運転技術を実際に確認しよう。

危ないシーンで具体的に注意できれば、親も自身の運転について考えるきっかけになる。

まだ危なげないと思うようなら、運転免許の更新時期を確認しておこう。70代以降であれば高齢者講習が必須になるため親は自身の運転技術を客観的に確認することになる。高齢者講習ののち、また免許を話題にできるといい。

ことば
22

# そのうちリフォームとか考えてる？

親がバリアフリー化を検討しているかどうかで、今の家に長く住みたいのか、そのうち高齢者向け施設へ住み替えたいのかがわかる。

ちなみに、高齢者向け施設は星の数ほどあるが、介護度などによって入れるところが違うため、元気なうちから探し始めるのはなかなか難しい。親が居住している市区町村の地域包括支援センター（介護予防の段階から相談にのってくれる窓口）を押さえておけば、不安になったらすぐに相談できる。

ことば

# 23

## 今日って、なん日だっけ？

認知症に足を突っ込んでいないか、
ちょっとしたジャブ。

ことば
# 24
# いつも、どこの病院に行ってる？

親が倒れたときのために、かかりつけ医を把握しておこう。

救急車を呼ぶべきか判断を迷うような場合や、既往症の症状なのかそうでないのか判断がつきかねるとき、かかりつけ医に一本電話をして相談できれば安心だ。普段飲んでいる薬や、最近の受診の記録、健康診断などについての情報も、必要に応じて提供してくれる。

もちろん、意識がないなど一刻を争うならすぐに救急車を呼んで。

ことば
25

# 保険証の裏側って、書いたことある？

親子だからこそできるプライベートな質問。

保険証の裏面には、臓器提供に関する意思表示欄が設けられている。脳死状態、あるいは心臓が停止した状態になったら、移植のために臓器を提供するか否かを記入することができる。

この動きは2010年に臓器移植法が改正されてからのもので、どう対応すればいいかわからず空欄のままにしている人も多いかもしれない。このフレーズで、親が脳死状態になったときの対応法がわかる。

臓器移植について家族と話し合ったことがある人の割合は35・4％、「死後に臓器を提供する」という家族の意思を尊重する人は87・4％（公益社団法人日本臓器移植ネットワーク調べ）。

あなたは、親とどんな結論に至るだろうか。

ちなみに、同様の意思表示欄は免許証にもある。

ことば
## 26
# ネット通販、やってみてほしくて

コロナ流行で外出を控える動きが発生したとき、ネット通販のありがたさを実感した人は多いはず。

ネット通販は感染症予防に便利なだけではない。親の足腰が弱ったときも有効だ。同居しているのであればかわりに注文してあげるのもいいが、買い物の楽しみを味わってもらうためにも、親自身で注文できるようにしておきたい。

ただし、パソコンやインターネットに慣れていない親であれば、ネットリテラシーの乏しさから詐欺サイトなどに引っかからないよう用心しよう。特定のサイトからしか買わない、マイページはお気に入りに入れておく、といった工夫が必要。

ことば

# 27

## いつも、なんの薬飲んでるの？

親が倒れたとき、搬送先の病院に、常用している薬について話をする必要がある。いつも飲んでいる薬の種類がわからないと、飲み合わせなどによって効力が薄まったり、悪い影響が出たりする危険性がある。

親が薬を飲もうとしたときなどに尋ねよう。もちろん、飲まなければならない薬の種類は変わっていく。お薬手帳のありかを知れるとなおよし。

ことば
28

# 親戚の●●さん、高齢だよね。元気なの？お父さんも気をつけてね

「この間、病気したんだって」「実は介護が必要になってね……」など、身近な人の病気や介護の話になったら、自分たち家族についての話に持っていきやすい。

高齢化の今、シニアの周りは病気や介護の話題に事欠かない。親戚に適した人がいないなら、隣近所や友人でもいい。

親から「あの家は、介護が始まって大変だから、もし自分に介護が必要になったら○○してほしいと思っている」といった話を引き出せたらベスト。

ことば

29

# 最近も、●●さんとこにお茶しに行ってるの？

親の交友関係を把握していると、いざ倒れたときに連絡できるうえ、普段の親の行動なども聞き出せて便利。可能なら連絡先を引き出して。もしくは電話連絡帳などでチェックを。

なかでも一番の友人の連絡先を押さえておけば、葬儀が生じたとき、友人関係の連絡役になってくれる可能性もある。

ことば

30

# ときどき、ペットの写真を携帯で撮って送って

あからさまな「見守りサービス」を拒む親に。

使用状況を子どもにメールで知らせる電気ポットや冷蔵庫の開閉センサーなど、離れて暮らす親を見守ることができるグッズやサービスはたくさんある。でも、抵抗感を示す親や、見守りグッズ設置の話を切り出せない子世代も多いだろう。

かわいいペットの写真であれば抵抗なく撮ってくれる可能性がある。「孫の写真を毎日送るから、返信してね」というひと言も有効。

ことば

# 31

# 今日の夕飯、なに？

離れて暮らしている親が、以前よりもあからさまに粗末な食事をしていたら要注意。人間らしい食事を放棄したり、歯磨きや着替えなど基本的な身だしなみをしなくなったりすると、セルフ・ネグレクトに陥る危険性がある。

セルフ・ネグレクトとは、自身を衛生的、健康的に保とうとする気力を失い、周囲に助けを求めることもしない状態のこと。セルフ・ネグレクトに陥ると、不衛生・不健康な環境が続くことで病気になったり、家がゴミ屋敷化したりするおそれが。ついには孤立死に至るリスクも大きい。

セルフ・ネグレクトになってしまう原因はそれぞれだが、伴侶の死がきっかけのひとつになることが指摘されている。両親のどちらかを失ったら、しばらく残されたほうの親を手厚く見守りたい。

ことば

# 32

# 今日、何してた？

離れて暮らす親に電話するとき、できれば毎回言いたいフレーズ。

高齢者には「きょうよう」と「きょういく」が必要という言葉がある。「教養」と「教育」ではなく、「今日、用がある」「今日、行くところがある」の略。

他人に合うために身だしなみを整え、自分の足を使ってどこかへ行き、人と会話を楽しむことが心身の健康につながるからだ。

親がどこへも行かず、誰とも会わない日々が続いているなら、少し心配。可能であれば帰省して様子を見る、またテレビ電話を活用するなどして、親の顔を見る機会を増やそう。

ことば

# 33

# お母さんが、明日もし新しい感染症にかかっちゃったら、どうすればいい？

「すぐそばにあるかもしれない脅威」の話は、普段意識していない「いざというときどうするか」を確認するチャンス。

たとえば、親の入院費用を支払うために親の口座からお金をおろしたいと考えても、暗証番号がわからなければおろせない。ところが、暗証番号は契約者以外の人間が掛け合ってもなかなか教えてくれないのが銀行だ（だから信用できるといえる）。

通帳や印鑑のありか、暗証番号など、いつもは踏み込めない領域にまで話を進められればベストだ。

親がペットを飼っていたり、同居家族に介護が必要だったりする場合は、ペットの預け先や介護サービスの連絡先などについても聞いておきたい。

ことば
# 34

## ちょっとうちの家計簿みてくれない？相談にのってほしい

やりくり上手な母親に。

親が現在、どんな収支で暮らしているのか知るきっかけとなる。すると介護が生じたときも子世代がお金の管理を引き継ぎやすい。

年金だけで暮らしているのか、ほかに収入があるのか。父母それぞれの月の小遣いはいくらで、どんなことに使っているのか。月々の支払いはどんなところにしているのか。

介護が生じ、子世代が親の財布を握ってからのお金の流れをシミュレーションしてみよう。

## 親が倒れたときに役立つ「入院バッグ」の中身

いざ親が倒れたとき、救急車へ同乗して病院へ行くのであれば、入院の準備をして出かけたほうがいいでしょう。着替えを忘れた、印鑑がないなどと言って病院と家を往復したり、近くの店へ買いに走ったりせずにすみます。

非常用品と同様に、入院のための「入院バッグ」を用意しておきましょう。家にあるものと多少重複があったとしても、ひとまとめになっているほうが必要なときに安心です。

入院バッグの中身は以下のようなものです。

**【本人用】**

・下着1～2日分
・パジャマ（長袖・前開きが便利）
・院内用スリッパ
・コップ、歯ブラシ、タオル
・汚れもの袋
・携帯電話の充電器

・ペンとメモ帳
・認め印

**【付添人用】**

・ストールやカーディガンなど防寒着
・食料
・携帯電話の充電器

いざというときには入院バッグと合わせて、次のものを持っていきましょう。

・保険証
・お薬手帳
・財布（現金）
・常備薬
・本人の靴（救急車搬送時は忘れがち。履きやすいものが良い）

## けっこう豊富で、しかも複雑！　老人福祉施設の種類

「将来は、施設に入るつもり」と親が口にしたら、老人福祉施設の種類について知っておいて損はありません。介護状態や病気の有無、住んでいる地域などで、入れる施設が違うためです。

親の終の棲家についてリサーチを進めるなら、種類を押さえておいたほうが、どんなときに入れる施設なのかをスムーズに理解できます。

親や自分の住まいの近くに高齢者向け住宅や老人ホームを見つけたら、どんな種類の施設なのかをチェックしておきましょう。さらにホームページなどで、入居できる介護度や利用料、入居一時金の有無などを調べておくと、取捨選択がスムーズになります。

介護度は各市区町村に設置された介護認定審査会の審査によって決まるものです。「要介護認定を受けたい」と考えたら市区町村に申し込み、担当者の聞き取り調査を受けます。聞き取り調査の結果や主治医の意見書をもとに、審査会が要介護認定を行います。介護度は、状態の軽いものから「要支援1、2」「要介護1～5」の7段階があります。

| 種類 | 内容 |
|---|---|
| **サービス付き高齢者向け住宅**（サ高住） | バリアフリー型の賃貸住宅。<br>見守りや生活相談のほか、食事サービス、<br>生活支援など施設によってサービス内容が違う |
| **シニア向け分譲マンション** | バリアフリー型の分譲マンション。<br>食事サービスや生活支援など<br>物件によってサービス内容が違う |
| **介護付き有料老人ホーム** | 自立者から要介護者まで受け入れる<br>「混合型」と「介護専用型」がある。<br>柔軟な対応をしてくれるが利用料は比較的高い |
| **住宅型有料老人ホーム** | 比較的介護度の軽い人が対象。<br>健康管理や介護サービスを選択して受けられる |
| **グループホーム** | 認知症者が機能訓練を行いながら共同生活を営む。<br>同一市区町村に住民票があることが入居条件 |
| **軽費老人ホーム**（ケアハウス） | 低所得・独居の高齢者を受け入れ。<br>介護型と一般型がある。<br>安価だが人気が高いため待機時間が長くなる |
| **特別養護老人ホーム**（特養） | 受け入れは原則として要介護３以上。<br>費用が安いので人気があり、入所困難な場合も |
| **介護老人保健施設**（老健） | リハビリを行う施設で、在宅復帰を目的としている |

# 第4章

# スムーズな生前整理のために

# 生前整理は子世代がうまくかじ取りを

生前整理とは、生きているうちに不用品を処分するなどして
自分亡き後、残された人が家の整理に困らないようにしておくことです。
「まるで死ぬ準備をしているみたい」と言われることもあります。
でも、ものが少なくスッキリした家なら
加齢で身体が弱ってきても、何かにつまずき転倒する心配が減ります。
ついでに家具のレイアウトなどを変えれば
高齢夫婦がもっと住みやすい家にできるかもしれません。

肝心の親自身が生前整理に積極的ではない家もあります。
膨大なものを残されれば、困るのは子世代なので
子世代がうまくかじ取りをするのが、生前整理のコツです。

子世代は、親亡き後、具体的にどう困るのか。
一軒家の不用品をすべて整理し、処分するためには、
業者に依頼すれば数十万円単位の費用がかかります。
「そんなお金はもったいない！」という人は、
休みがとれるたびに実家へ出向き、少しずつ整理しましょう。
数年かかってやっと親の家を片付けたという人の話も聞きます。

親と一緒に部屋の整理をしたり、古いものを処分したりすることで
ちょっとずつ手放してもらう。
親が思い出深いと思っているものは、自分も大切にする。
実家に置いてある自分の荷物は、責任を持って引き受ける。
少しずつやり取りを重ねていくうちに、
家はどんどんすっきりしていくことでしょう。

ことば

35

# この服、もらってもいい？

「着ないんなら捨てれば？」と言われたらムッとする親も、子どもに「欲しい」とねだられたら悪い気はしない。「あれもこれも、もってけ〜」という話に発展しやすい。

いったんもらっておいて、しばらくしたら「もらったあの服、人に譲っていい？」と尋ねてみよう。

たいていは服の存在すら忘れている。そうなったら古着屋などに持ち込もう（「人に譲る」のと同じようなものだから、ウソをついたとまでは言えない）。

服以外にも応用可能。

ことば
36

# 今日はアルバムの整理でもしていこうかな

親が処分しづらい代表的なものとして、子どもの写真がある。

子ども自ら「整理する」と申し出れば、選択をゆだねてくれる親は多い。いったんアルバムについての主導権を握れば、デジタル化などの提案もしやすい。

デジタル化の際は、1枚ずつスキャンするのが大変であれば、写真を撮ってしまうのはいかが。

写真の写真を撮るというと変な感じがするかもしれないが、スマホで撮るだけでも、けっこうきれいに残せる。

ことば

# 37

## 実家においてある
## わたしのもの、
## 自宅に送ってくれない？

子どもが実家を物置代わりに使っているケースも。まずは自分のものを自分で引き受けることから始めたい。もちろん、帰省の際に自分で片付けられればベスト。

ことば
# 38

## ここにものを置いておくと危ないよ。さっきつまずきそうになった

ものが多いと転倒の原因になる。

「転ぶだけで、大げさな」と軽んじてはならない。シニアが転倒すると、骨折してしまう可能性が十分にある。

そのまま長い入院生活を強いられると、体力が落ちているためリハビリによる機能回復が困難になり、寝たきりになってしまうことも多いのだ。寝たきりリスクを防ぐためにも、つまずきそうなものは取り除いておきたい。

また、年をとるにつれて、ものを片付けるのがおっくうになる傾向がある。実家の廊下や縁側が段ボールだらけになっていないだろうか。

子どもが「自分が転びそうになったから、整理してほしい」と訴えるのは、「お父さん（お母さん）が転ばないように整理しよう」と伝えるより、親の心に響く（孫だとよりいっそう響く）。

ことば

# 39

## この部屋、孫が遊びに来たときのためにちょっと整理しておいてくれないかな？

親がまだまだ健康で、孫が小さいときに使える言葉。

子世代が独立したら、子ども部屋が物置化してしまうという家は多い。ときどき遊びに来る孫のための部屋、つまり客間として空けておこうという提案ができるといい。

「帰省したとき遊べるように」と、大きめの遊具を送るのもいい手だ。

実際に帰省したときには、部屋の整理を孫にも手伝わせよう（逆に散らかるかもしれないけれど）。

ことば
40

# 寄付したいんだけど、使ってないものないかな

「捨てる」には敏感な親も、誰かの役に立つなら手放せることが。

また、ものを大事にしたいと考えている親のなかには「不用品」「いらないもの」といった言葉に敏感な人もいるため、「使ってないもの」など言い方を工夫したい。

新品ではなく中古の物品を寄付するときには、状態に注意しよう。

新品同様に使えるものなら寄付するのにふさわしいけれど、あからさまな古着や壊れたものは逆に迷惑。きれいな状態の品物を、気持ちよく使ってもらおう。

ことば

# 41

## この鍋、手が届きにくいよね。こっちに置いておくよ

高齢になるにつれ、高いところや低いところに手を伸ばすことが難しくなるが、本人は気づいていないことが多い。よく使うものを手が届きやすい場所へ移動するだけで、身体の故障を防げる。

介護予防の視点で家の中を見てみれば、背伸びしなければ届かない棚にある鍋のふた、かがんで腕をのばさなければ取ることのできない靴など、リスクのあるものがたくさん目にとまるだろう。

頻繁に使うものは取りやすい場所に置いておかなければ、腰や肩、腕を痛める可能性がある。安全な生活へ、さりげなく誘導しよう。

ことば
# 42

# 地震が来たら危ないよ

高い本棚や積み上がった段ボールなどは、大地震がきたときに倒れ、ケガをするおそれがある。

そもそも高齢になると棚の上段にあるものにアクセスしづらくなるため、高い場所にあるものは長く使っていない可能性も。

そういったものを引っ張り出してみて、親から「そういえば、何年も使っていない」という言葉を引き出せれば、片付けのチャンスにつながる。

ことば

# 43

車庫にあるパラソル、
懐かしいけど、
もう使わないよね。
もしよかったら
リサイクルセンターとかに
持っていこうか？

片付けを進めるときに忘れがちな庭やガレージもチェックしたい。

倉庫の上階などに古いものをしまいこみ、そのままになっていたりしないだろうか。子どもが幼い頃に使っていたビニールプール、何十年も開いていない海用のパラソル、テントなど、放置されがちなアウトドアグッズはかさも大きく片付けがいがあるものばかり。

親も意識していなかったようなものはとくに、自分が整理する旨を伝えると、スムーズに話が進みやすい。

ことば
# 44

次いつ来られるか
わからないから、
今日のうちに整理しておくよ。
やっておいてほしい
ことはない？

「子世代が東京に住んでいて、感染症予防対策のために他県の実家に帰省できない」など、コロナ自粛で突然分断されてしまった経験を持つ家族に。

突然、会うことが難しくなる怖さを親も経験し、じゅうぶん身に染みているだろう。「次、いつ来られるかわからない」という言葉は、そのときの記憶を思い起こさせる。

「次に来るときのために、してほしいことをリストアップしておいて」という言葉も有効。

## 親も子も困らない、スムーズな生前整理のコツ

「実家に行くたび、ものが増えている」

「何十年も前のもの、使わないもので家が溢れ、親に捨てようと言っても頑として首を縦に振らない」

などと、頭を悩ませている人はいませんか。

「親家片（おやかた）」という言葉が生まれたのは、主婦の友社の女性誌から。「親の家を片付ける」という意味ではありますが、わざわざ造語ができたことから、それがどんなに困難なことかがわかります。

そもそも、どうして親の家はもので溢れていて、なぜ親は片付けられないのでしょうか。「なぜ」がわかれば、親の気持ちを汲み取りながら家をキレイにできるかもしれません。

親の気持ちから整理にかかる費用まで、スムーズな生前整理のコツをご紹介します。

### 1 親がものを捨てにくい心理を知る

**・「ものを持つ＝豊かさ」の時代に育ったから**

今の親世代が若い頃は、高度成長期。ものを持つことが、豊かさの象徴となる時代でし

た。子世代にとっては「ものでいっぱい、整理されていない家」でも、親にとっては「ものがふんだんにあって、贅沢で安心できる部屋」かもしれないのです。

**・ものを捨てることに罪悪感があるから**

ものには魂が宿っているという感覚があり、捨てるのをためらう人もいます。「まだ使えるのに、捨ててしまうのはもったいない」という理由でものを溜めだすと、あっという間にものが積み上がってしまいます。

**・思い出があるから**

子世代にとってはがらくたでも、親世代にとっては「子どもが初めて手にしたおもちゃ」など、家族にまつわる思い出が詰まっている場合があります。

**・整理する体力、気力がなくなるから**

高齢になると体力や気力がなくなってきます。整理しなければならないことはわかっているけれど、いざとなると乗り気になれない、面倒くさい、すぐに疲れてしまう……。そんな親には、子世代の応援が絶対に必要です。

**・ものの管理が難しくなるから**

認知能力が衰えることから、すでに持っていることを忘れて同じものを買ってしまうことを繰り返し、日用品が部屋に積み上がっていくという人がいます。

**2 親がものを手放せる言葉などを意識して使う**

親がどんな理由でものを捨てにくいのか理解し、心に寄り添った言葉がけをしましょう。

**・「捨てる」ではなく「整理」を合言葉に**

「捨てる」や「処分」という言葉に敏感な親には、「整理」や「手放す」を合言葉にしましょう。「リサイクル」「人に譲る」といった言葉も効果的です。

**・今後の明るい生活のイメージを共有する**

「ここの段ボールを整理して、あのお気に入りの掛け軸をかけよう」「玄関を片付けて、身だしなみのための鏡を置いてみない？」など、ただものを処分するだけではなく、きれいにしたうえで模様替えをすることを提案すると、親子ともに気分が明るくなるでしょう。

**・思い出が詰まったものを手放すときは写真に撮って、話を聞く**

思い出があって捨てられないと親が訴えたら、ものを写真に撮り、写真を保管するようすすめてみましょう。また、ものにまつわる思い出話を聞きましょう。子世代と思い出を共有できたと思えば、安心して手放せる可能性があります。

## 3　つらいときは業者に頼るのもあり

すべてを家族で整理しようとすると、無理があることも。子世代が忙しく、なかなか手伝えない場合も多いでしょう。

生前整理を手掛ける業者に頼るのも、ひとつの手です。業者には一度家に来てもらい、現地見積をとるのが基本ですが、相場も存在します。

仕分けや梱包、運び出し、清掃、不用品の処分まで合わせて、1Kを2名で作業して3500０円～4万円が相場です。同時に不用品の買取も行う業者が多いため、買い取れる品物がある場合は請求から差し引かれます。

# 第5章

# 財産や相続でモメないために

## 「遺産」にならないうちに財産把握を

「親の財産が、どのくらいあるかわからない」

それは、当然の話です。

親自身も、よくわかっていないのですから。


子どもである自分自身について、考えてみましょう。

いくつの銀行に、どんな口座を持っているか。

どんな保険が、いつ、満期になるのか。

マイホームを売ったら、いくらになるでしょう。

けっこう、考え込んでしまいますよね。


ＳＮＳなど、利用しているネットのサービスをすべて言える人もなかなかいないと思います。
でも最近では、故人が利用していたネットサービスや
PC、スマホ内のデータを確認できないことで困る遺族が増え、
「デジタル遺産」と呼ばれています。
あなたの親の「デジタル遺産」も、死後、問題になるかもしれません。

親が元気でいるうちなら、一緒に財産を確認することで
家族みんなが情報共有できます。
でも、親が亡くなり、「財産」が「遺産」になると
本人がいないなかですべての遺産情報を把握するのは、
途端に難しくなります。

現金、預金、保険に不動産、宝飾品やネットサービス関連など
普段は見えていない財産の情報を集め、可視化しておきましょう。
少しずつ取り組むためのフレーズをご紹介します。

ことば
**45**

# いい保険知らない？

親が今入っている保険について知りたいときに使えるフレーズ。

親の死後、親がどんな保険に入っているのかわからず、保険金を受け取り損ねてしまうという事態は避けたい。

とくに今のシニアは、お付き合いなどでいくつもの保険に入っているというケースが多い。保険証券が1枚見つかったからといって、安心はできないのだ。

親自身が「あれ、自分はどの保険に、いくつ入っていたかな。そういえばあの保険の満期はいつだろう？」などと、改めて確認できるきっかけにもなる。

ことば

# 46

# お母さんの婚約指輪って、どんなだった？

「どんなだった？」と聞かれれば、「じゃあ、見せるか」という話になる。

親が宝石類をどこにしまっているかチェックできれば、相続時もスムーズだ。見せてもらったほかのアクセサリーについても質問すれば、宝石類をすべて把握できるきっかけになる。

相続を行うとき、兄弟とぜひ情報を共有しておきたいのが、この宝石類だ。相続額が決まってから高価な宝石が見つかると、「誰が受け継ぐべきか」「受け継いだ人は、相当の金額をほかの兄弟に分配すべきか」といった話し合いをする必要が生じる。話がまとまらなければ、「宝石を売って、そのお金をみんなで分配しよう」と、せっかくの形見を失う可能性も出てくる。

財産としてウエイトが高そうなものは早めに把握しておこう。

ことば
# 47

# ちょっとお父さんのパソコン貸して

シニアもパソコンやタブレットでインターネットを活用する時代になった。

できれば親のパソコンやタブレットのパスワードをゲットしておき、「デジタル遺品」の問題を回避したい。

デジタル遺品とは、パソコン上やインターネット上に残される故人のデータを指す。

「相続に必要な資料がお父さんのパソコンの中にある」「葬儀等に必要な住所録は、近年パソコンで管理していた」といった場合、遺族の手でパソコンが開けなければ、いろいろ滞ってしまう。

また、ネットバンキングやFXなどお金に関わることをネットで行っていたときはなおさらやっかいだ。

ほかにもあるデジタル遺品の問題について、詳しくは章末の解説を参照してほしい。

ことば
# 48

## この家って、何坪くらいなのかな

不動産としての財産を把握するきっかけとなるフレーズ。

両親の死後、子世代が家を受け継ぐのであれば気にする必要はあまりないが、住む人がいなくなる場合、維持するのか手放すのかは相続において最も重要といえる問題だ。

維持したいと考えているなら固定資産税を、手放したいならおおよその売却額を押さえておきたいところ。迷いがあるなら両方知っておく必要がある。

家と庭を含めた坪数を把握して、ざっくり調べてみよう。

ことば

# 49

## クレジットカード、1枚にまとめたいと思ってるんだよね。何使ってる？

親の死後、クレジットカードの枚数を把握できず苦労したという話はよく聞く。

引き落としに使っている口座を凍結すれば、以後のカード引き落としはできなくなるが、未払い残高がある場合は相続人が支払わなければならない。

また、カードの存在も引き落とし口座もわからないままだと、サービスの月会費などをずっと支払うことになってしまう可能性がある。親が使っているカードをうまく把握しておきたい。

ことば

# 50

## 知り合いが相続でモメてさ。土地があってお金がないとモメやすいんだって

あくまで第三者の話題にすると、話を引き出しやすい。

土地があってお金がないと、財産の分割が難しく、兄弟が多い場合はとくにもめる可能性がある。

平等に分けないとみんなが納得しないため、思い出深い家を手放して売却金を分割したという話も。

兄弟仲がいいという人も要注意。配偶者が口を挟んでくる可能性が十分にあるためだ。親族間の争いは避けたいものだ。

ことば
# 51

# うちって貸金庫とか、レンタル倉庫とかあるの？

貸金庫やレンタル倉庫の存在が後からわかると、相続がやり直しになることもある。

「うちにはそもそも金がないんだから、貸金庫なんて縁がない」と考えていても、意外とあったりするもの。

土地の権利書が家のどこを探しても見つからないと騒いだ後、配偶者ですらその存在を忘れていた貸金庫から見つかった、などという話も、実際にあるのだ。

ことば
# 52
# 年金って月にいくら入ってくるの？

皆がもらえている年金のことなら聞き出しやすい。

ただ、本当に聞きたいのは年金の金額ではなく、どこの銀行の口座に入るのか。年金が入ってくる口座をメインバンクにしている人が多いため、親のメインバンクを知ることができる。

相続開始時にお金の流れをすぐ確認できるだけでなく、親の突然の入院や介護発生でお金が必要なときにも役に立つ。

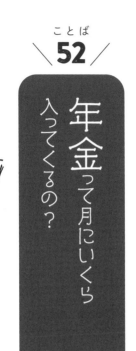

ことば

53

# SNSってやってる？

高齢の親には縁がないと思っていても、意外とやっていることがある。ダメもとで尋ねてみよう。

長く使われないアカウントは、スパムメールを流してしまうなど悪用されやすくなってしまう。本人の死後、アカウントが悪用されるのはなるべく防ぎたい。

SNSサービスのなかには、遺族によるアカウントの削除依頼ができるものもある。アカウントだけでも知っておくと、親の死後もチェックできる。

ことば
## 54

# 相続税が改正になったらしいけど、うちは税金かからないかな

以前は「かなりのお金持ち」や「土地持ち」しか払うことはないと認識されていた相続税だが、2015年からの税制改正により、相続税対象者は一気に増えた。

財産が「3000万円＋（600万円×法定相続人の数）」の範囲に収まらなければ相続税の対象に。

実家が都心の一軒家だったり、ひとりっ子だったりしたら注意したい。

ことば
**55**

# もしかしてネットで株とかやってない？

故人がやっていたＦＸなどのアカウント情報が残っていて、知らない間に大損してしまったという例も。
デジタル遺品のなかでも、とくにお金に関わることは、生前にきちんと押さえておきたい。

## デジタル遺品の問題は、子世代自身のためにも知っておくべき

デジタル遺品とは、故人のパソコンやタブレット、スマートフォンの中に保管されたデータや、クラウド管理されていたファイル、SNSのアカウントなど、デジタル化された個人情報のことです。

情報を入手するためにはパスワードなどが必要で、本人以外にはアクセスが困難です。しかし、デジタル遺品のなかには、遺族がぜひともアクセスしなければならないものもあります。

主なものは、次の通りです。

**・親族の連絡先**

親のスマホやパソコンの中にしか連絡先がなかったら、もしものときには親戚に連絡できなくなってしまいます。

**・葬儀や墓、相続についての希望**

パソコンで終活事項を管理していたら、遺族がファイルを開けなかったり、そもそも気づけなかったりして、希望を叶えられない可能性があります。

**・ネット上での取引情報**

FXなどをしていた場合、大損をしてしまう可能性があります。

**・SNSのアカウント**

放置していると悪用されてしまう可能性が高まります。

**・オンラインサービスのアカウント**

定額制サービスを利用している場合は、解約しなければ引き落としされることもあるでしょう。また、オンラインゲームのアカウントなどが乗っ取られ、課金されてしまう可能性があります。

なかには、遺族がどうしても知りたい情報がパソコンの中にあるからと、業者を呼んでロックを無理に外した結果、遺族が知りたくなかった情報まで目に入ってしまったという例もあります。

遺族が見たくない、故人が見せたくないデータはそのままにしておいて、遺族がアクセスすべきデータだけを開示する。これを可能にするには、2つの手段があります。

### 1．紙に整理しておくよう、親にお願いする

家族がアクセスしたい情報や、あるいは情報のありかをすべて紙に書き出す方法です。情報を書き出した紙の保管場所を、家族で共有します。

個人的な情報ばかりが並ぶ書類なので、ほかの人の目に触れないよう、保管には十分気をつかいましょう。

とはいえ、こういった整理を親は面倒がる可能性があります。子世代であるあなたも、自分がこれを行うと考えたら、悲鳴を上げたいほど面倒くさいでしょう。

左ページのように、あらかじめ欲しい情報を箇条書きや表にしてプリントアウトしておけば、やらなければならないことが明確になります。

まずは、子世代である自分がやってみることで、気づけることもあるでしょう。

| 項目 | 書き出す情報 |
| --- | --- |
| 所有するデジタル製品について | パソコンやスマホ、タブレットの暗証番号 |
| ネット銀行 | 金融機関や口座情報<br>自動引き落とし項目 |
| 有料サービス | 有料サービスの種類、各アカウント情報、引き落としカードや口座の情報 |
| 証券取引情報 | 証券会社または専門取引会社名、口座情報 |
| SNS | SNSの種類や各アカウント、パスワード<br>死後、どう対処してほしいか |
| ブログ<br>ホームページ | URL、契約プロバイダー情報、アカウント、パスワード<br>死後、どう対処してほしいか |
| クラウドサービス | クラウドサービス名、アカウント、パスワード、データ内容 |
| 家族の写真のありか | フォルダの場所など |

## 2. クラウド上に家族専用フォルダを作る

親がパソコンやスマホの操作に明るい場合、子世代がかじ取りできるのが、クラウド上に家族専用フォルダを作る方法です。前述したような項目を親の側からクラウド上にアップしてもらっておけば、必要なときに閲覧できますし、親がいつでも加筆・更新できます。Ｇｏｏｇｌｅドライブやメｒｏｐｂｏｘといったオンラインストレージなら、普段使いのパソコンと同じような操作でファイルを保存でき、使い勝手がいいでしょう。

また家族写真については、スマホから簡単な操作で共有できる画像共有アプリが多数開発されています。

ただし、データはどれも大切な個人情報なので、セキュリティには十分気をつかいましょう。サービスを利用する前に、どんなセキュリティ対策がなされているかを十分に理解、納得したうえで使用するのが大事です。

慎重に行うなら、重要事項については「実家の仏壇の中にパスワードを記した紙がある」など、家族にしかわからない保管場所を入力しておくのも手です。

# エンディングノートを活用しよう

親の「もしも」のために知っておきたいことは、多岐にわたります。親からたくさん情報を聞き出したとしても、どこかに書き留めておかなければ、いずれ忘れてしまいがちです。「子世代に自分の希望を伝えるために、エンディングノートを活用しましょう」と言われるようになって久しいですが、子世代の側も、このエンディングノートを上手に活用するのがおすすめです。

エンディングノートとは、突然倒れて入院したり、意識不明に陥ったり、また亡くなってしまったときのために、個人情報や各種連絡先、葬儀や墓、相続の希望をしたためておくノートです。

遺言書と違って法的な効力はありませんが、決まった形式にのっとることなく、いつでも自由に書きこめます。

子どもの側から「エンディングノートを書いてほしい」とは言いだしづらいものです。また、たとえ親にエンディングノートを渡せたとしても、親が書く気になるかどうかは別の問題。ならば、子世代の側がエンディングノートを持ち、親から聞き出せた情報や希望を少しずつ書き込んでいくのはどうでしょうか。

エンディングノートの出版は2010年来の終活ブームとともに活発になったため、書店に行けば複数の種類が売られているのを見ることができるでしょう。子世代が使うなら、自由に書き込める欄が多いものより、項目がしっかり分かれており、一つずつ書き込み式になっているものを購入するのがいいでしょう。

ただ、エンディングノートの内容は更新される可能性があります。というよりも、親本人が生きている以上は、連絡先や個人情報が更新されてゆくのが当たり前です。

紙での管理に限界があると感じたら、パソコンの表ソフトなどでオリジナルのエンディングノートを作るのもあり。ダウンロードできるエンディングノートも開発されています。できれば親とクラウド上で共有し、協力して作り上げていくのが理想ですが、セキュリティには十分気をつけましょう。重要事項は紙で管理するなどの対策も大切です。

エンディングノートに書いておくと便利な項目を、左ページにまとめました。

このことが、純粋に親との会話の契機になれば嬉しく思います。「社交ダンスのサークルに入ってるなんて初めて知った」「ブログやってるの!? 意外!」などなど、親自身のことを知る機会が増えると、親の印象も変わってくるかもしれません。

| 項目 | 内容 |
|---|---|
| **プロフィール** | 姓名、生年月日、住所、本籍、趣味、特技 |
| **連絡簿** | 親族や友人の連絡先<br>あるいは連絡簿のありか |
| **医療について** | 重病告知、延命措置、臓器提供の希望、<br>かかりつけ医師の連絡先、持病や薬 |
| **介護について** | 誰にどこで介護を受けたいか |
| **葬儀について** | 遺影にしたい写真、好きな花や色、最後の衣装、<br>葬儀の宗教・宗派、葬儀の事前見積の有無 |
| **お墓について** | （すでにあるお墓）お墓の場所、契約情報<br>（お墓がない場合）宗教・宗派の希望、<br>お墓の形に関する希望 |
| **財産について** | 遺言書のありか、預貯金情報、クレジットカードの情報、保険情報、不動産に関わる資料のありか |

エンディングノートについて話をしていると、「たくさんの種類があって、どんなものを選べばよいかわからない」という質問を受けることが多々あります。迷ったら、著者や発行元に注目してみましょう。

それぞれ、次のような特徴があります。

**・葬儀社が配布している**

終活イベント等に参加した際に、葬儀社がエンディングノートを配布していることがあります。葬儀やお墓の希望について詳しく書き込める欄が豊富です。無料または安価で手に入り、薄いものが多いので、ほかのエンディングノートと兼用する、練習用として書いてみるといった使い道もあります。

**・菩提寺が配布している**

お寺が檀家用に無償で、あるいは安価でエンディングノートを配布していることがあります。葬儀やお墓についての希望のほか、家族へのメッセージや家系図の欄が豊富で、家のつながりを大事にする人におすすめです。

**・弁護士が監修している**

弁護士の監修が入っているものは、相続関係の項目が豊富です。とくに財産を誰にどのように渡すか悩んでいる人におすすめ。遺言書を書く際の土台にもなります。

**・終活関連資格者が執筆している**

終活カウンセラーや終活アドバイザーが執筆しているエンディングノートは、あらゆる項目が網羅されています。すべての項目において、まんべんなく書きたいという人に。

**・執筆者がなく出版社が直接発行、あるいは「編集委員会」などが執筆している**

その出版社が出している雑誌の終活特集などを集約したものである可能性があります。読者の口コミなども参考にしているため、「かゆい所に手が届く」と感じる項目があるはず。オリジナル性の強いノートも多いので、内容をしっかり確認することが大事です。

まずは無料や安価で手に入るものを集めてみるのも賢いやり方です。自分と家族にぴったりのエンディングノートを手に入れましょう。

# おわりに

私は、葬儀の現場から抜けて出版社へ身を移した後も葬儀・仏事業界ウォッチャーを続け、葬儀関連ライターとして独り立ちしてからは、実に勝手気ままな活動を行ってきました。

全国さまざまなところへ旅行に行き、訪れた先にたまたまあった霊園を訪ねてみたり、珍しい葬儀風習のある地域をただ歩いてみたり。火葬場や葬儀場のまわりを目的なくうろついて、怪しまれたことは一度や二度ではありません。ときには、専門誌や終活系の月刊誌などきちんとした媒体から依頼を受け、堂々と取材ができる場合もありますが。

終活関連のＷＥＢメディアに署名のない記事を寄せる活動もしているので、終活に関心のある方であれば、私が書いた記事をそうとは知らず目にする機会は多いかもしれません。

「終活」という言葉がなかった時代から、手探りで葬儀やお墓に関する情報を集めてきた側から見ると、業界まわりにおけるここ10年ほどの変貌には驚かされます。

まずはメディアが葬儀やお墓、相続に関する情報を頻繁に取り上げるようになり、人々の関心が圧倒的に高まってきました。その後、知識を得た人々の要望に応えるようにして、また要望を先取りするサービスをと、葬儀・仏事業界が大きく動きました。

この原稿を書いている今は、新型コロナウィルス感染症の拡大に伴い、「三密」や「会食」の起こりやすい葬儀の現場が、遺族や参列者の不安を和らげようと闘っています。

どんな局面も目が離せず、ただの傍観者が記事を書き続けてよいものかと悩みながらも、目まぐるしい変化をたどたどしく追ってきました。

そんななかで変わらず思うのは、葬儀やお墓は生きている人のためのものだということです。

故人を思う気持ちが強い人からは、冷たいと思われてしまうかもしれません。しかし、実際に葬儀を行い、お墓参りをして故人を弔うことで、心の支えとするのは残された側です。

ではなぜ終活が必要なのかといえば、故人の希望通りにやってあげられたという満足感が、残された人を支える力になるからです。第三者が遺族に寄り添い、心を汲み取り、支えるのはとても難しいことですが、親は死してなお遺族の心を支え続けられます。

やがて来る親との別れのために、準備をするのは少し寂しいことです。でも、いざというときの圧倒的な寂しさを、いろいろ準備していた頃の親と自分が支えてくれるとしたら、終活もいいものだと思いませんか。

こんな本を書いている私ですが、いざ自分と親との終活となると、恥ずかしながらまったく準備ができていません。

帰省のたびに片付いている実家を見て、寂しさ半分、ありがたさ半分の気持ちをかみしめているのが現実です。

「55の言葉」は、実際に言ったことがあるものを含め「自分と親の関係性であれば、こういうことは言えそうだ」をイメージして考案しましたが、人によっては「こんなこと、言える気がしない」と笑ってしまう言葉もあるでしょう。言うタイミングも簡単ではありません。

でも、この本に一度ざっと目を通しておいたら、そのうち良きタイミングが来たときに、効果的なひと言をスラっと言葉にできるかも。そしてその言葉がきっかけで、本格的な終活が始まるかもしれません。

そんな都合のよい想像を頭に巡らせながら、なんにせよこの本があなたの、なんらかのお役に立てることを願っています。

2021年3月

奥山晶子

## 奥山晶子（おくやま・しょうこ）

山形県生まれ。冠婚葬祭互助会で2年間働いた後、出版業に従事。出版社の社員時代に日本初の喪主向け葬儀実用誌『フリースタイルなお別れざっし葬』を発行（不定期）。以後、葬儀や墓について紹介するライターへ。著書に『葬式プランナーまどかのお弔いファイル』（文藝春秋）、『「終活」バイブル』（中公新書ラクレ）などがある。2013年より2年間、「NPO法人葬送の自由をすすめる会」の理事を務める。現在は葬儀や墓についての知識を足掛かりに、介護、相続、遺品整理など終活関連について勉強・取材・執筆中。

# ゆる終活のための親にかけたい55の言葉

2021年4月2日 初版発行

著　者　奥山晶子

デザイン　園木彩
D T P　白石知美（システムタンク）
編　集　野津山美久

発行人　長嶋うつぎ
発行所　株式会社オークラ出版
〒153-0051 東京都目黒区上目黒1-18-6 NMビル
電話 03-3792-2411（営業部） 03-3793-4939（編集部）
https://oakla.com/

印　刷　中央精版印刷株式会社


Printed in Japan ISBN978-4-7755-2955-3